I0015942

# CAHIER DE RECUEIL DES MOTS DE PASSE

# SOMMAIRE

# MOTS DE PASSE Boite(s) Mail(s)

NOM DU SITE :

IDENTIFIANT :

MOT DE PASSE :

ADRESSE EMAIL UTILISÉE:

---

NOM DU SITE :

IDENTIFIANT :

MOT DE PASSE :

ADRESSE EMAIL UTILISÉE:

---

NOM DU SITE :

IDENTIFIANT :

MOT DE PASSE :

ADRESSE EMAIL UTILISÉE:

NOTES :

# MOTS DE PASSE Boite(s) Mail(s)

NOM DU SITE :

IDENTIFIANT :

MOT DE PASSE :

ADRESSE EMAIL UTILISÉE:

---

NOM DU SITE :

IDENTIFIANT :

MOT DE PASSE :

ADRESSE EMAIL UTILISÉE:

---

NOM DU SITE :

IDENTIFIANT :

MOT DE PASSE :

ADRESSE EMAIL UTILISÉE:

NOTES :

# MOTS DE PASSE Boite(s) Mail(s)

NOM DU SITE :

IDENTIFIANT :

MOT DE PASSE :

ADRESSE EMAIL UTILISÉE:

---

NOM DU SITE :

IDENTIFIANT :

MOT DE PASSE :

ADRESSE EMAIL UTILISÉE:

---

NOM DU SITE :

IDENTIFIANT :

MOT DE PASSE :

ADRESSE EMAIL UTILISÉE:

NOTES :

# MOTS DE PASSE Réseaux Sociaux

NOM DU SITE :

IDENTIFIANT :

MOT DE PASSE :

ADRESSE EMAIL UTILISÉE:

---

NOM DU SITE :

IDENTIFIANT :

MOT DE PASSE :

ADRESSE EMAIL UTILISÉE:

---

NOM DU SITE :

IDENTIFIANT :

MOT DE PASSE :

ADRESSE EMAIL UTILISÉE:

## NOTES :

# MOTS DE PASSE Réseaux Sociaux

NOM DU SITE :

IDENTIFIANT :

MOT DE PASSE :

ADRESSE EMAIL UTILISÉE:

---

NOM DU SITE :

IDENTIFIANT :

MOT DE PASSE :

ADRESSE EMAIL UTILISÉE:

---

NOM DU SITE :

IDENTIFIANT :

MOT DE PASSE :

ADRESSE EMAIL UTILISÉE:

NOTES :

# MOTS DE PASSE Administratifs

NOM DU SITE :

IDENTIFIANT :

MOT DE PASSE :

ADRESSE EMAIL UTILISÉE:

---

NOM DU SITE :

IDENTIFIANT :

MOT DE PASSE :

ADRESSE EMAIL UTILISÉE:

---

NOM DU SITE :

IDENTIFIANT :

MOT DE PASSE :

ADRESSE EMAIL UTILISÉE:

NOTES :

# MOTS DE PASSE Administratifs

NOM DU SITE :

IDENTIFIANT :

MOT DE PASSE :

ADRESSE EMAIL UTILISÉE:

---

NOM DU SITE :

IDENTIFIANT :

MOT DE PASSE :

ADRESSE EMAIL UTILISÉE:

---

NOM DU SITE :

IDENTIFIANT :

MOT DE PASSE :

ADRESSE EMAIL UTILISÉE:

NOTES :

# MOTS DE PASSE Administratifs

NOM DU SITE :

IDENTIFIANT :

MOT DE PASSE :

ADRESSE EMAIL UTILISÉE:

NOM DU SITE :

IDENTIFIANT :

MOT DE PASSE :

ADRESSE EMAIL UTILISÉE:

NOM DU SITE :

IDENTIFIANT :

MOT DE PASSE :

ADRESSE EMAIL UTILISÉE:

NOTES :

# MOTS DE PASSE Administratifs

NOM DU SITE :

IDENTIFIANT :

MOT DE PASSE :

ADRESSE EMAIL UTILISÉE:

---

NOM DU SITE :

IDENTIFIANT :

MOT DE PASSE :

ADRESSE EMAIL UTILISÉE:

---

NOM DU SITE :

IDENTIFIANT :

MOT DE PASSE :

ADRESSE EMAIL UTILISÉE:

NOTES :

# MOTS DE PASSE Courses/Drive

NOM DU SITE :

IDENTIFIANT :

MOT DE PASSE :

ADRESSE EMAIL UTILISÉE:

---

NOM DU SITE :

IDENTIFIANT :

MOT DE PASSE :

ADRESSE EMAIL UTILISÉE:

---

NOM DU SITE :

IDENTIFIANT :

MOT DE PASSE :

ADRESSE EMAIL UTILISÉE:

NOTES :

NOM DU SITE :

IDENTIFIANT :

MOT DE PASSE :

ADRESSE EMAIL UTILISÉE:

---

NOM DU SITE :

IDENTIFIANT :

MOT DE PASSE :

ADRESSE EMAIL UTILISÉE:

---

NOM DU SITE :

IDENTIFIANT :

MOT DE PASSE :

ADRESSE EMAIL UTILISÉE:

NOTES :

NOM DU SITE :

IDENTIFIANT :

MOT DE PASSE :

ADRESSE EMAIL UTILISÉE:

NOM DU SITE :

IDENTIFIANT :

MOT DE PASSE :

ADRESSE EMAIL UTILISÉE:

NOM DU SITE :

IDENTIFIANT :

MOT DE PASSE :

ADRESSE EMAIL UTILISÉE:

NOTES :

# MOTS DE PASSE Ventes Privées

NOM DU SITE :

IDENTIFIANT :

MOT DE PASSE :

ADRESSE EMAIL UTILISÉE:

NOM DU SITE :

IDENTIFIANT :

MOT DE PASSE :

ADRESSE EMAIL UTILISÉE:

NOM DU SITE :

IDENTIFIANT :

MOT DE PASSE :

ADRESSE EMAIL UTILISÉE:

NOTES :

# MOTS DE PASSE Shopping

NOM DU SITE :

IDENTIFIANT :

MOT DE PASSE :

ADRESSE EMAIL UTILISÉE:

---

NOM DU SITE :

IDENTIFIANT :

MOT DE PASSE :

ADRESSE EMAIL UTILISÉE:

---

NOM DU SITE :

IDENTIFIANT :

MOT DE PASSE :

ADRESSE EMAIL UTILISÉE:

NOTES :

# MOTS DE PASSE Shopping

NOM DU SITE :

IDENTIFIANT :

MOT DE PASSE :

ADRESSE EMAIL UTILISÉE:

---

NOM DU SITE :

IDENTIFIANT :

MOT DE PASSE :

ADRESSE EMAIL UTILISÉE:

---

NOM DU SITE :

IDENTIFIANT :

MOT DE PASSE :

ADRESSE EMAIL UTILISÉE:

NOTES :

# MOTS DE PASSE Shopping

NOM DU SITE :

IDENTIFIANT :

MOT DE PASSE :

ADRESSE EMAIL UTILISÉE:

---

NOM DU SITE :

IDENTIFIANT :

MOT DE PASSE :

ADRESSE EMAIL UTILISÉE:

---

NOM DU SITE :

IDENTIFIANT :

MOT DE PASSE :

ADRESSE EMAIL UTILISÉE:

NOTES :

# MOTS DE PASSE Shopping

NOM DU SITE :

IDENTIFIANT :

MOT DE PASSE :

ADRESSE EMAIL UTILISÉE:

NOM DU SITE :

IDENTIFIANT :

MOT DE PASSE :

ADRESSE EMAIL UTILISÉE:

NOM DU SITE :

IDENTIFIANT :

MOT DE PASSE :

ADRESSE EMAIL UTILISÉE:

NOTES :

# MOTS DE PASSE Shopping

NOM DU SITE :

IDENTIFIANT :

MOT DE PASSE :

ADRESSE EMAIL UTILISÉE:

NOM DU SITE :

IDENTIFIANT :

MOT DE PASSE :

ADRESSE EMAIL UTILISÉE:

NOM DU SITE :

IDENTIFIANT :

MOT DE PASSE :

ADRESSE EMAIL UTILISÉE:

NOTES :

# MOTS DE PASSE Shopping

NOM DU SITE :

IDENTIFIANT :

MOT DE PASSE :

ADRESSE EMAIL UTILISÉE:

---

NOM DU SITE :

IDENTIFIANT :

MOT DE PASSE :

ADRESSE EMAIL UTILISÉE:

---

NOM DU SITE :

IDENTIFIANT :

MOT DE PASSE :

ADRESSE EMAIL UTILISÉE:

NOTES :

# MOTS DE PASSE Shopping

NOM DU SITE :

IDENTIFIANT :

MOT DE PASSE :

ADRESSE EMAIL UTILISÉE:

---

NOM DU SITE :

IDENTIFIANT :

MOT DE PASSE :

ADRESSE EMAIL UTILISÉE:

---

NOM DU SITE :

IDENTIFIANT :

MOT DE PASSE :

ADRESSE EMAIL UTILISÉE:

NOTES :

# MOTS DE PASSE Shopping

NOM DU SITE :

IDENTIFIANT :

MOT DE PASSE :

ADRESSE EMAIL UTILISÉE:

---

NOM DU SITE :

IDENTIFIANT :

MOT DE PASSE :

ADRESSE EMAIL UTILISÉE:

---

NOM DU SITE :

IDENTIFIANT :

MOT DE PASSE :

ADRESSE EMAIL UTILISÉE:

NOTES :

# MOTS DE PASSE Shopping

NOM DU SITE :

IDENTIFIANT :

MOT DE PASSE :

ADRESSE EMAIL UTILISÉE:

---

NOM DU SITE :

IDENTIFIANT :

MOT DE PASSE :

ADRESSE EMAIL UTILISÉE:

---

NOM DU SITE :

IDENTIFIANT :

MOT DE PASSE :

ADRESSE EMAIL UTILISÉE:

NOTES :

# MOTS DE PASSE Divers

NOM DU SITE :

IDENTIFIANT :

MOT DE PASSE :

ADRESSE EMAIL UTILISÉE:

NOM DU SITE :

IDENTIFIANT :

MOT DE PASSE :

ADRESSE EMAIL UTILISÉE:

NOM DU SITE :

IDENTIFIANT :

MOT DE PASSE :

ADRESSE EMAIL UTILISÉE:

NOTES :

# MOTS DE PASSE Divers

NOM DU SITE :

IDENTIFIANT :

MOT DE PASSE :

ADRESSE EMAIL UTILISÉE:

NOM DU SITE :

IDENTIFIANT :

MOT DE PASSE :

ADRESSE EMAIL UTILISÉE:

NOM DU SITE :

IDENTIFIANT :

MOT DE PASSE :

ADRESSE EMAIL UTILISÉE:

NOTES :

# MOTS DE PASSE Divers

NOM DU SITE :

IDENTIFIANT :

MOT DE PASSE :

ADRESSE EMAIL UTILISÉE:

---

NOM DU SITE :

IDENTIFIANT :

MOT DE PASSE :

ADRESSE EMAIL UTILISÉE:

---

NOM DU SITE :

IDENTIFIANT :

MOT DE PASSE :

ADRESSE EMAIL UTILISÉE:

NOTES :

# MOTS DE PASSE Divers

NOM DU SITE :

IDENTIFIANT :

MOT DE PASSE :

ADRESSE EMAIL UTILISÉE:

---

NOM DU SITE :

IDENTIFIANT :

MOT DE PASSE :

ADRESSE EMAIL UTILISÉE:

---

NOM DU SITE :

IDENTIFIANT :

MOT DE PASSE :

ADRESSE EMAIL UTILISÉE:

NOTES :

# MOTS DE PASSE Divers

NOM DU SITE :

IDENTIFIANT :

MOT DE PASSE :

ADRESSE EMAIL UTILISÉE:

---

NOM DU SITE :

IDENTIFIANT :

MOT DE PASSE :

ADRESSE EMAIL UTILISÉE:

---

NOM DU SITE :

IDENTIFIANT :

MOT DE PASSE :

ADRESSE EMAIL UTILISÉE:

NOTES :

# MOTS DE PASSE Divers

NOM DU SITE :

IDENTIFIANT :

MOT DE PASSE :

ADRESSE EMAIL UTILISÉE:

NOM DU SITE :

IDENTIFIANT :

MOT DE PASSE :

ADRESSE EMAIL UTILISÉE:

NOM DU SITE :

IDENTIFIANT :

MOT DE PASSE :

ADRESSE EMAIL UTILISÉE:

NOTES :

# MOTS DE PASSE Divers

NOM DU SITE :

IDENTIFIANT :

MOT DE PASSE :

ADRESSE EMAIL UTILISÉE:

---

NOM DU SITE :

IDENTIFIANT :

MOT DE PASSE :

ADRESSE EMAIL UTILISÉE:

---

NOM DU SITE :

IDENTIFIANT :

MOT DE PASSE :

ADRESSE EMAIL UTILISÉE:

NOTES :

# MOTS DE PASSE Divers

NOM DU SITE :

IDENTIFIANT :

MOT DE PASSE :

ADRESSE EMAIL UTILISÉE:

---

NOM DU SITE :

IDENTIFIANT :

MOT DE PASSE :

ADRESSE EMAIL UTILISÉE:

---

NOM DU SITE :

IDENTIFIANT :

MOT DE PASSE :

ADRESSE EMAIL UTILISÉE:

NOTES :

# MOTS DE PASSE Divers

NOM DU SITE :

IDENTIFIANT :

MOT DE PASSE :

ADRESSE EMAIL UTILISÉE:

---

NOM DU SITE :

IDENTIFIANT :

MOT DE PASSE :

ADRESSE EMAIL UTILISÉE:

---

NOM DU SITE :

IDENTIFIANT :

MOT DE PASSE :

ADRESSE EMAIL UTILISÉE:

NOTES :

www.ingramcontent.com/pod-product-compliance
Lightning Source LLC
Chambersburg PA
CBHW061056050326

40690CB00012B/2651